AF479960

واحة الحكايات للنشر والتوزيع
دبي- واحة دبي للسيليكون
الإمارات العربية المتحدة
Wahat Alhekayat Publishing
and Distribution - UAE
Dubai +97143336366
+971504599804
+971558236687
info@wahatalhekayat.com
www.wahatalhekayat.com
www.wahatalhekayat.academy
سلسلة لكل حرف حكاية
قصة: صندوق كبير
تأليف: صفاء عزمي
رسوم: زينة المسيري
ISBN 9789948097037

صُنْدوقٌ كَبيرٌ

تأليف: صفاء عزمي

رسوم: زينة المسيري

عِنْــدَ صادِقٍ
صُنْدوقٌ كَبيرٌ...

في صُنْدوقٍ صادِقٍ الكَبيرِ صاروخٌ صَغيرٌ...

يُطْلِقُ صَوْتَ صَفَّارَةٍ عِنْدَما يَطيرُ.

في صُنْدوقِ صادِقٍ الكَبيرِ صِنّارَةٌ...

يَصيدُ بِها الأسْماكَ بِمَهارَةٍ.

في صُنْدوقِ صادِقٍ الكَبيرِ
لُعْبَةٌ فيها صابونٌ وماءٌ...

وعِنْـدَما يَنْفُخُها تَخْرُجُ
فُقّاعاتٌ مِثْـلُ البالوناتِ.

مِنْ بَعيدٍ جاءَتْ مَجْموعَـــةٌ مِنَ الصيصانِ الصَّغيرةِ قَفَزَتْ في صُنْدوقِ صادِقٍ الكَبيـرِ.

12

ص

တစ်ခါ ဆွဲကြ ရွှဲချလိုက်း
နို့ ကလေး ထွေးရေ ကင်ရွှဲ ကြော

وَبَيْتِي أُرْجُوحَةٌ وَزَحْلُوقَةٌ وَحِصَانٌ عَجِيبٌ.
وَأَنَا أَسْكُنُ فِي صُنْدُوقِ صَادِقٍ الكَبِيرِ.

نِقاشٌ: صادِقٌ يُحِبُّ أَنْ يَضَعَ أَلْعابَهُ في الصُّنْدوقِ، لِماذا؟

تَفْكيرٌ: لِماذا دَخَلَتِ الصِّيصانُ إِلَى صُنْدوقِ صادِقٍ؟

تَأَمُّلٌ: في صَفْحَةِ (9-8)، ما هُوَ عَدَدُ الأَسْماكِ الزَّرْقاءِ؟

اِقْتِراحٌ: أَقْتَرِحُ إِضافَةً إِلَى القِصَّةِ... أُضيفُ: إِذا دَخَلَتْ قِطَّةٌ إِلَى صُنْدوقِ صادِقٍ، ما الَّذي سَيَحْدُثُ؟

وَصْفٌ: أَبْحَثُ عَنْ فاكِهَةٍ تُعْجِبُني، وأَصِفُها بِعِدَّةِ كَلِماتٍ. مِثالٌ: كَرَزٌ صَغيرٌ، مُسْتَديرٌ، لَذيذٌ.

أفْكارٌ لِلأُسْرَةِ والمُعَلِّمِ

- في الصَّفْحَةِ المُقابِلَةِ، نَجِدُ مَجْموعَةً مِنَ الأفْكارِ الَّتي تُساعِدُ عَلَى تَنْميةِ مَهاراتٍ أساسيَّةٍ لَدَى الطِّفْلِ، مِثْلَ: القُدْرَةِ عَلَى النِّقاشِ والتَّفْكيرِ التَّحليلي النَّاقِدِ، وقُوَّةِ الـمُلاحَظَةِ، والتَّواصُلِ، والإبْداعِ.
- يُمْكِنُ أنْ نأْخُذَ بِهَذِهِ الأفْكارِ، جَميعِها أوْ بَعْضِها.
- يُمْكِنُ أنْ نُكَرِّرَ قِراءَةَ القِصَّةِ، وفي كُلِّ مَرَّةٍ نَخْتارُ بَعْضَ الأفْكارِ لِنُناقِشَها.
- إذا أحَسَّ الطِّفْلُ بالنُّعاسِ أثْناءَ القِصَّةِ، مِنَ الأفْضَلِ أنْ نَتَوَقَّفَ ونُكْمِلَ القِصَّةَ لاحِقًا.
- في بَعْضِ الأحْيانِ يُجيبُ الطِّفْلُ عَلَى النِّقاشِ بـ«نَعَمْ» أوْ «لا»، أوْ بِكَلِمَةٍ واحِدَةٍ. في هَـذِهِ الحالَةِ أُعْطـي الطِّفْلَ بَعْضَ الوَقْتِ؛ كَيْ يَبْحَثَ عَنْ جُمْلَةٍ أوْ فِكْرَةٍ، ويُمْكِنُ أنْ أُحَفِّزَهُ عَلَى الاسْتِمْرارِ في الحَديثِ بِكَلِماتٍ مِثْلَ: أحْسَنْتَ، رُبَّما، كَيْفَ؟ أيْنَ؟ لِماذا؟ هَلْ تُحِبُّ؟ هَلْ تَعْتَقِدُ؟
- الهَدَفُ مِنْ هَذِهِ القِصَصِ لَيْسَ فَقَطِ الاسْتِمْتاعَ بِالقِراءَةِ، وتَعَلُّمَ الحُروفِ، ولَكِنَّهُ أيْضًا رَبْطُ أحْداثِ القِصَّةِ والشَّخْصِيَّاتِ والأماكِنِ بِعالَمِ الطِّفْلِ، وتَنْميةُ هِواياتِهِ وقُدْرَتِهِ عَلَى التَّعْبيرِ.